TANJA DUSY

W0184028

PERSISCH

FOTOGRAFIE: KATRIN WINNER, COCO LANG

INHALT

Öffnen Sie die Klappen dieses Buches.
Dort finden Sie die wichtigsten Infos zum Thema auf einen Blick!

DAS PRINZIP:
PERSISCH
KOCHEN

DER
GESCHMACK
PERSIENS

Immer griffbereit:

SO GEHT'S:
TAHDIG –
REIS MIT KRUSTE

Immer griffbereit:

SO GELINGT'S:
TIPPS & TRICKS

GU
CLOU

Wussten Sie schon, dass ...?
Entdecken Sie bei einigen ausgewählten Rezepten ganz besondere Tipps mit verblüffendem Insiderwissen.
Aha-Momente garantiert!

Mit diesem Symbol sind alle vegetarischen Gerichte gekennzeichnet.

Die Backzeiten können je nach Herd variieren. Unsere Temperaturangaben beziehen sich auf das Backen im Elektroherd mit Ober- und Unterhitze.

Sammeln Ihrer Lieblingsrezepte mit der »GU Kochen Plus«-App (siehe S. 64)

REZEPTKAPITEL

TANJA DUSY

Zur persischen Küche gelangte die Autorin über Umwege: Als begeisterter Fan der gewürzsatten Küche Indiens spürte sie den Parallelen und Beziehungen beider Küchen nach und war überrascht, wie ähnlich und wie unterschiedlich beide doch sind.

Was genau verbindet indische und persische Küche?

Durch die Mogulherrscher gelangten persische Einflüsse nach Nordindien.
Schnell etablierten sich dort üppige Fleischgerichte mit typischen Zutaten wie Nüssen, Joghurt, Ghee und Gewürzen wie Kreuzkümmel und vor allem Safran. Während allerdings in Indien ein dichter Gewürzteppich über einem Curry liegt, kommt ein Koresh, ein typisch persisches Schmorgericht, mit wenigen Gewürzen aus, die den Geschmack der Zutaten nicht überdecken, sondern wirkungsvoll betonen.

Was ist typisch für die persische Küche?

Die perfekte Kombination aus unterschiedlichen Geschmäckern: jede Menge frische Kräuter, unterschiedlichste säurehaltige Zutaten, die mit süßen Früchten gemischt werden und zu denen sich auch mal bittere Aromen von Gewürzen gesellen. Das Ganze macht die Gerichte einerseits harmonisch rund, stellt aber auch immer wieder einzelne Aromen spannend in den Vordergrund.

Was ist noch typisch persisch?

Die besondere Zusammenstellung einer Mahlzeit: Neben dem oft fleischlastigen Hauptgericht wie Eintopf oder Kabab gibt es immer noch Brot, Reis, Joghurt, eingelegtes oder frisches Gemüse und Kräuter, wie die typischen Sabzi Khordan. Sie dürfen nie fehlen und werden einfach dazu geknabbert. Meist kommen die Gerichte, wie z. B. der Reis mit Kruste, auf Platten angerichtet auf den Tisch, von denen sich jeder bedient. Da meist nur mit Löffel und Gabel gegessen wird, sind viele Fleischgerichte bereits in kleine Stücke zerteilt.

SABZI KHORDAN

1 Handvoll Walnusskerne über Nacht in Wasser einweichen. Danach abgießen.

4 Frühlingszwiebeln putzen, waschen und in kürzere Stücke schneiden.

2 Handvoll Kräuter (z. B. Dill, Koriandergrün, Minze, Petersilie) waschen, trocken schütteln und grob zerpflücken.

1 Bund Radieschen putzen, waschen und vierteln.

200 g Schafskäse (Feta) trocken tupfen und würfeln.

Alles auf einer Platte getrennt nebeneinander oder dekorativ gemischt anrichten. Als erfrischende Beilage zu allen Hauptgerichten servieren. Reicht für 4 Personen.

VORSPEISEN & MAZE

Für 1 Brot (12 Scheiben) • 25 Min. Zubereitung • 2 Std. 30 Min. Ruhen • 25 Min. Backen • Pro Scheibe ca. 175 kcal, 5 g E, 4 g F, 30 g KH

BARBARI-FLADENBROT

KEINE MAHLZEIT OHNE

500 g Weizenmehl (Type 550)
Salz
5 g Trockenhefe
4 EL Olivenöl
1 TL Natron
1 TL Sesam
1 TL Schwarzkümmel (Nigella)

GU CLOU

Für den typischen Geschmack von deutschen Brezeln sorgt eine Beize mit Natriumcarbonat. Ganz ähnlich funktioniert und schmeckt die Natron-Mehl-Mischung hier – allerdings wesentlich dezenter als bei Brezeln. Mit seinem feinen Geschmack ist das Brot eine perfekte Beilage zu vielen Eintopf- und Fleischgerichten, zu Dips und Vorspeisen.

1 Das Mehl bis auf 1 TL mit 325 ml kaltem Wasser verrühren. Dann kurz zu einem halbwegs glatten Teig verkneten, dabei eventuell noch wenig Wasser zugeben. Den Teig in eine verschließbare Plastikschüssel geben, mit 1 TL Salz bestreuen und dieses mit den Fingern eindrücken. Die Schüssel verschließen und den Teig ca. 1 Std. ruhen lassen.

2 Hefe in 3 EL lauwarmem Wasser auflösen. Das Hefewasser dann mit den Knethaken des Handrührgeräts in 8–10 Min. unter den Teig kneten, bis sich alles zu einem glatten, eher feuchten Teig verbunden hat. Dann das Öl kurz unterkneten. Den Teig zugedeckt bei Raumtemperatur 45–60 Min. ruhen lassen, bis er aufgeht und Blasen wirft.

3 Ein Backblech mit Backpapier belegen. Den Teig zu einer Kugel formen, darauflegen und von Hand ohne viel Druck zu einem ovalen Fladen (25 × 35 cm) formen. Dabei mit den Fingern längs in 5 cm Abstand parallele Linien eindrücken. Nochmals 15–30 Min. gehen lassen.

4 Den Backofen auf 220° vorheizen. Übriges Mehl (1 TL), Natron und 2 EL warmes Wasser glatt verrühren. Das Brot damit bestreichen und mit Sesam und Schwarzkümmel bestreuen. Im Ofen (Mitte) in 20–25 Min. goldbraun backen. Herausnehmen und auf einem Kuchengitter abkühlen lassen.

Für 4 Personen • 25 Min. Zubereitung •
Pro Portion ca. 150 kcal, 2 g E, 10 g F, 11 g KH

SHIRAZI SALAD

IDEAL FÜR DEN GRILLABEND

1 Bio-Salatgurke • 3 Eiertomaten • 1 Bund Radieschen • 2 Frühlingszwiebeln • 6 Stängel Koriandergrün • 2 Stängel Minze • 2 EL Granatapfelmelasse (Rob-e Anar, ersatzweise türk. Nar Eksisi) • 2 EL Zitronensaft • 4 EL Olivenöl • Salz • Pfeffer

1 Gurke waschen, halbieren und die Kerne herausschaben. Die Hälften klein würfeln. Tomaten waschen, halbieren, weiches Innere und Stielansatz entfernen. Ebenfalls klein würfeln. Radieschen putzen, waschen und vierteln. Frühlingszwiebeln putzen, waschen und in Ringe schneiden. Koriander und Minze waschen, trocken schütteln und die Blätter klein schneiden.

2 Melasse, Zitronensaft, Öl, Salz und Pfeffer verquirlen. Mit Gurke, Tomaten, Radieschen, Frühlingszwiebeln und Kräutern mischen. Kurz ziehen lassen, mit Salz und Pfeffer abschmecken.

Für 4 Personen • 20 Min. Zubereitung •
24 Std. Marinieren •
Pro Portion ca. 285 kcal, 4 g E, 25 g F, 11 g KH

OLIVEN IN WALNUSSSAUCE

EXTRANUSSIG

75 g Walnusskerne • 150 g große, grüne Oliven (entsteint, in Salzlake) • 1 Knoblauchzehe • 1 Bund Minze • 4 EL Olivenöl • 2 EL Granatapfelmelasse (Rob-e Anar, ersatzweise türk. Nar Eksisi) • 3 TL Limettensaft • Salz • Pfeffer • 4 EL Granatapfelkerne • Schraubglas (350 ml Inhalt)

1 Walnüsse in einer Pfanne ohne Fett braun rösten. Abkühlen lassen, dann im Blitzhacker fein zerkleinern. Oliven längs halbieren.

2 Knoblauch schälen. Minze waschen, trocken schütteln und die Blätter abzupfen. Beides grob schneiden. Mit Öl, Melasse und 2 TL Limettensaft fein pürieren, dabei nach und nach die Nüsse untermixen. Mit wenig Salz, Pfeffer und eventuell dem übrigen Limettensaft (1 TL) würzen. Die Oliven untermischen, in das Glas füllen, verschließen und ca. 24 Std. ziehen lassen. Danach die Granatapfelkerne unterheben.

Für 4 Personen • 20 Min. Zubereitung • 1 Std. Kühlen • Pro Portion ca. 130 kcal, 4 g E, 6 g F, 15 g KH

ROTE-BETE-BORANI

FARBENFROH

350 g gegarte Rote Bete (vakuumverpackt) • 200 g griech. Joghurt (10 % Fett) • 2 EL Weißweinessig • ½ TL getrocknete Minze • Salz • Pfeffer • 2 Spritzer Zitronensaft • 2 Stängel Minze • 1 EL Schwarzkümmel (Nigella)

1 Rote Bete auf der Rohkostreibe grob raspeln. Die Raspel mit Joghurt und Essig verrühren, mit getrockneter Minze, Salz, Pfeffer und 1–2 Spritzern Zitronensaft würzen. Zugedeckt mindestens 1 Std. im Kühlschrank ziehen lassen.

2 Minze waschen und trocken schütteln. Die Blätter abzupfen und in feine Streifen schneiden. Den Dip mit Schwarzkümmel und Minze bestreuen und zu Fladenbrot servieren.

Für 4 Personen • 25 Min. Zubereitung • 1 Std. Kühlen • Pro Portion ca. 195 kcal, 5 g E, 13 g F, 14 g KH

GURKEN-JOGHURT-DIP

SOMMERLICH ERFRISCHEND

1 Bio-Salatgurke • Salz • 20 g Walnusskerne • 2 EL Rosinen • 1 Knoblauchzehe • 400 g griech. Joghurt (10 % Fett) • 2 Stängel Minze • ½ Bund Dill • Pfeffer

1 Gurke waschen und grob in ein Sieb raspeln. Leicht salzen und ca. 15 Min. abtropfen lassen. Inzwischen Walnüsse in einer Pfanne ohne Fett leicht braun rösten. Abkühlen lassen und mit den Rosinen grob hacken. Knoblauch schälen, klein schneiden und salzen. Mit der Messerklinge fein zerdrücken und in den Joghurt rühren.

2 Minze und Dill waschen, trocken schütteln, Blätter und Spitzen fein schneiden. 1 EL davon beiseitelegen. Die Gurke gut ausdrücken. Dann Gurke, Nüsse, Rosinen, Minze und Dill in den Joghurt rühren. Den Dip salzen, pfeffern und zugedeckt ca. 1 Std. kühlen. Mit den übrigen Kräutern bestreuen und servieren.

Für 4 Personen • 40 Min. Zubereitung • 1 Std. Backen • Pro Portion ca. 225 kcal, 4 g E, 18 g F, 11 g KH

AUBERGINEN-JOGHURT-DIP

SUPERAROMATISCH

4 Auberginen
2 große Zwiebeln
5 Knoblauchzehen
6 EL Olivenöl
Salz
1 TL gemahlene Kurkuma
1 TL getrocknete Minze
Pfeffer
100 g griech. Joghurt (10 % Fett)

AROMAKICK
Das Auberginenfruchtfleisch sollte am Ende der Garzeit weich zerfallen und das Wasser vollständig verdampft sein. So röstet die Masse leicht am Pfannenboden an – das gibt nochmals Aroma!

1 Den Backofen auf 220° vorheizen. Auberginen waschen, mit einer Gabel rundum mehrmals einstechen und auf ein Backblech legen. Im Ofen (oben) 50–60 Min. garen, dabei alle 15 Min. wenden. Aus dem Ofen nehmen und in einem Sieb leicht abkühlen lassen. Dann das Fruchtfleisch aus der Schale lösen und klein schneiden.

2 Inzwischen Zwiebeln und Knoblauch schälen und getrennt klein würfeln. Das Öl in einer beschichteten Pfanne erhitzen und die Zwiebeln darin bei kleiner bis mittlerer Hitze in ca. 10 Min. hellbraun braten. Salzen, den Knoblauch zugeben und alles in ca. 5 Min. goldbraun braten. Kurkuma darüberstreuen und 1–2 Min. unter Rühren mitrösten. Die Hälfte der Zwiebelmasse aus der Pfanne nehmen, mit ½ TL Minze mischen und beiseitestellen.

3 Auberginenfruchtfleisch und 125 ml Wasser in die Pfanne geben, mit Salz, Pfeffer und übriger Minze (½ TL) würzen. Durchrühren und bei mittlerer Hitze ca. 15 Min. garen. Dabei immer wieder verrühren und falls nötig wenig Wasser nachgießen. Die Auberginen vom Herd nehmen und mit einer Gabel zerdrücken. Joghurt bis auf 1 EL unterrühren, das Mus mit Salz und Pfeffer abschmecken und lauwarm abkühlen lassen.

4 Übrigen Joghurt (1 EL) mit etwas kaltem Wasser flüssig rühren. Das Auberginenmus auf einem Teller anrichten, mit der Joghurtsauce beträufeln, mit der restlichen Zwiebelmasse bestreuen und servieren.

Für 4 Personen • 25 Min. Zubereitung • 45 Min. Kühlen • Pro Portion ca. 160 kcal, 6 g E, 13 g F, 6 g KH

SPINAT-JOGHURT-DIP

GELINGT LEICHT

500 g junger Blattspinat (ersatzweise 300 g TK-Spinat)
1 Zwiebel
2 Knoblauchzehen
2 EL Olivenöl
300 g griech. Joghurt (10 % Fett)
¾ TL gemahlener Kreuzkümmel
½ TL gemahlener Kardamom
Salz
Pfeffer

1 Spinat verlesen, waschen und gut trocken schütteln oder schleudern. Zwiebel und Knoblauch schälen und getrennt klein würfeln.

2 Das Öl in einem Topf erhitzen und die Zwiebel darin bei kleiner Hitze langsam braten, bis sie weich ist und leicht bräunt. Den Knoblauch zugeben und kurz mitbraten. Den Spinat unterrühren und bei großer Hitze unter Rühren zusammenfallen lassen. Den Spinat dann unter Rühren weiterbraten, bis die gesamte Flüssigkeit verdampft ist. In einem Sieb abtropfen und ca. 30 Min. abkühlen lassen.

3 Den Spinat danach eventuell noch leicht mit der Hand ausdrücken und kleiner schneiden. Joghurt, Kreuzkümmel und Kardamom verrühren. Den Spinat unterrühren und mit Salz und Pfeffer würzen. Den Dip zugedeckt ca. 15 Min. im Kühlschrank ziehen lassen.

Für 4 Personen • 20 Min. Zubereitung • 40 Min. Garen • Pro Portion ca. 325 kcal, 13 g E, 14 g F, 38 g KH

LINSENDIP

CREMIGER GENUSS

200 g Le-Puy-Linsen (ersatzweise Berglinsen)
1 Zwiebel
2 Knoblauchzehen
5 EL Olivenöl
¾ TL gemahlene Kurkuma
1 TL gemahlener Kreuzkümmel
¼ TL gemahlener Piment
Salz
3 EL Zitronensaft
2 EL Granatapfelmelasse (Rob-e Anar, ersatzweise türk. Nar Eksisi)
Pfeffer

1 Linsen in einem Sieb kalt abbrausen und abtropfen lassen. Zwiebel und Knoblauch schälen und in feine Würfel schneiden. 2 EL Öl in einem Topf erhitzen und beides darin goldgelb dünsten. Kurkuma, Kreuzkümmel und Piment einrühren, die Linsen zugeben und ca. 1 Min. unter Rühren andünsten.

2 Dann 600 ml Wasser zugießen, aufkochen und die Linsen zugedeckt bei kleiner bis mittlerer Hitze 30–40 Min. garen, bis sie weich sind und leicht zerfallen. Erst gegen Ende der Garzeit salzen.

3 Die Linsen in ein Sieb abgießen, dabei den Garsud auffangen und lauwarm abkühlen lassen. Die Linsen mit 2 EL Zitronensaft, Granatapfelmelasse und übrigem Öl (3 EL) pürieren, dabei je nach gewünschter Konsistenz noch etwas Garsud untermixen. Den Dip mit Salz, Pfeffer und übrigem Zitronensaft (1 EL) abschmecken und abkühlen lassen. Zu Fladenbrot servieren.

Für 4 Personen • 25 Min. Zubereitung • 30 Min. Garen • Pro Portion ca. 600 kcal, 27 g E, 47 g F, 18 g KH

GRÜNES KRÄUTEROMELETT

FRISCHER KLASSIKER MIT CRUNCH

50 g getrocknete Berberitzen (ersatzweise getrocknete Sauerkirschen)
60 g Walnusskerne
280 g gemischte Kräuter (Dill, Koriandergrün, Petersilie, Schnittlauch zu gleichen Anteilen, 3 Stängel Estragon)
50 g Römersalatblätter (ersatzweise Eisbergsalat- oder Mangoldblätter)
1 große Zwiebel
5 EL Ghee
6 Eier (L)
½ TL gemahlene Kurkuma
2 TL Advieh (pers. Gewürzmischung, ersatzweise Ras el Hanout)
Salz
Pfeffer

1 Berberitzen ca. 10 Min. in kaltem Wasser einweichen. In ein Sieb abgießen, abbrausen und abtropfen lassen. Walnüsse grob hacken. Kräuter waschen und sehr grobe Stiele entfernen. Die Kräuter dann sorgfältig trocken tupfen oder schleudern und mit einem großen, scharfen Messer büschelweise möglichst fein schneiden. Salatblätter waschen, trocken tupfen, längs halbieren und quer in dünne Streifen schneiden.

2 Zwiebel schälen und würfeln. In einer beschichteten, ofenfesten Pfanne 1 EL Ghee erhitzen. Die Zwiebel darin langsam weich und braun dünsten. Berberitzen und Walnüsse zugeben und unter Rühren 1–3 Min. mitbraten. Aus der Pfanne nehmen und abkühlen lassen. Erneut 1 TL Ghee in der Pfanne erhitzen und die Kräuter darin bei mittlerer Hitze 1–2 Min. unter Rühren dünsten. Herausnehmen und abkühlen lassen.

3 Eier verquirlen, mit Kurkuma, Advieh, Salz und Pfeffer würzen. Berberitzenmischung, Kräuter und Salat unterrühren. Übriges Ghee (3 ½ EL) in der Pfanne erhitzen. Die Eiermasse hineingießen, glatt streichen und zugedeckt bei kleiner bis mittlerer Hitze 15–20 Min. garen.

4 Inzwischen den Backofen auf 160° vorheizen. Sobald das Ei leicht stockt und das Ghee an den Rändern blubbert, die Pfanne in den Ofen (Mitte) stellen. Das Omelett weitere 8–10 Min. garen, bis es fest und leicht gebräunt ist. Herausnehmen, kurz ruhen lassen, in Stücke schneiden und servieren.

Für 4 Personen • 20 Min. Zubereitung • 45 Min. Garen • Pro Portion ca. 490 kcal, 16 g E, 26 g F, 45 g KH

JOGHURTSUPPE

SOMMERSÜPPCHEN

80 g Reis
1 Dose Kichererbsen (400 g)
2 große Zwiebeln
2 Knoblauchzehen
50 g Butter
1,25 l Hühnerbrühe (ersatzweise Gemüsebrühe)
Salz
Pfeffer
2 Bund gemischte Kräuter (Dill, Petersilie, Koriandergrün, Minze, Estragon)
400 g griech. Joghurt (10 % Fett)
1 ½ TL Speisestärke
2 Eigelb (M)

1 Reis und Kichererbsen jeweils in einem Sieb kalt abbrausen. Zwiebeln schälen, 1 Zwiebel würfeln, 1 in Ringe schneiden. Knoblauch schälen und hacken. In einem Topf 25 g Butter erhitzen und die Zwiebelwürfel darin goldgelb dünsten. Mit Brühe ablöschen, den Reis zugeben, salzen, pfeffern und zugedeckt bei kleiner Hitze ca. 30 Min. garen. Gegen Garzeitende die Kichererbsen zugeben.

2 Inzwischen die Zwiebelringe in der übrigen Butter (25 g) bei mittlerer Hitze goldbraun rösten. Kräuter waschen, trocken schütteln, Spitzen und Blätter schneiden. Joghurt, Stärke und Eigelbe verrühren. Die Suppe vom Herd nehmen und eine Kelle davon mit dem Schneebesen in den Joghurt rühren. Die Suppe kurz abkühlen lassen. Dann den Joghurt einrühren und unter Rühren wieder erhitzen, bis sie andickt. Drei Viertel der Kräuter einrühren und bei kleiner Hitze 10–15 Min. mitköcheln. Mit Salz und Pfeffer abschmecken, mit Röstzwiebeln und übrigen Kräutern bestreut servieren.

Für 4 Personen • 25 Min. Zubereitung • 50 Min. Garen • Pro Portion ca. 365 kcal, 14 g E, 9 g F, 50 g KH

ROTE-BETE-LINSEN-SUPPE

HERBSTGENUSS

350 g Rote Bete (mit Grün)
2 Zwiebeln
180 g braune Linsen
3 EL Olivenöl
2 TL gemahlene Kurkuma
1 TL gemahlener Kreuzkümmel
1 ½ TL Schwarzkümmel (Nigella)
Salz
Pfeffer
1,2 l Gemüsebrühe
1 ½ Bund Dill
4 EL Granatapfelmelasse (Rob-e Anar, ersatzweise türk. Nar Eksisi)

1 Rote Bete mit Einweghandschuhen putzen und schälen, dabei 2 Handvoll zartes Grün beiseitelegen. Die Knollen dann auf der Rohkostreibe in feine Streifen (Julienne) hobeln. Zwiebeln schälen und würfeln. Linsen in einem Sieb kalt abbrausen.

2 Öl in einem Suppentopf erhitzen und die Zwiebeln darin hellbraun dünsten. Kurkuma, Kreuz- und Schwarzkümmel zugeben und unter Rühren kurz mitbraten. Die Rote-Bete-Streifen einrühren und ca. 1 Min. andünsten, dann Linsen und Brühe zugeben. Alles aufkochen, leicht salzen, pfeffern und zugedeckt bei mittlerer Hitze 30–35 Min. garen, dabei eventuell noch etwas Wasser zugeben.

3 Rote-Bete-Grün und Dill waschen, trocken schütteln und grob schneiden. Beides zur Suppe geben und bei kleiner Hitze ca. 5 Min. mitköcheln lassen. Die Suppe mit Salz, Pfeffer und 3–4 EL Melasse abschmecken und 5–10 Min. weitergaren. Mit Fladenbrot servieren.

REISGERICHTE

Für 4 Personen • 35 Min. Zubereitung • 1 Std. 20 Min. Garen • Pro Portion ca. 795 kcal, 15 g E, 37 g F, 100 g KH

JUWELENREIS

LEUCHTENDER HINGUCKER

350 g Basmatireis
1 Bio-Orange
350 g dicke Möhren
1 Briefchen Safranfäden (0,1 g)
6 EL Ghee
1 TL Advieh (pers. Gewürzmischung, ersatzweise Ras el Hanout)
3 EL Honig
Salz
Pfeffer
1 Granatapfel
50 g Pistazienkerne
50 g Mandelstifte

1 Reis ca. 30 Min. in kaltem Wasser einweichen. Orange heiß abwaschen und abtrocknen. Die Schale mit einem Sparschäler abziehen und in dünne Streifen schneiden, den Saft auspressen. Die Schalenstreifen in 200 ml Wasser ca. 2 Min. kochen, in ein Sieb abgießen und kalt abbrausen. Möhren schälen und in Stifte (5 cm lang, 3 mm dick) schneiden. Safran zerbröseln und mit 6 EL heißem Wasser mischen.

2 In einer beschichteten Pfanne 1 ½ EL Ghee erhitzen und die Möhren darin anbraten. Advieh und Honig zufügen und 1–2 Min. unter Rühren karamellisieren lassen. Mit dem Orangensaft ablöschen und offen ca. 20 Min. garen, bis der Saft vollständig verdunstet ist. Eventuell noch etwas Wasser zugießen, salzen, pfeffern und die Orangenschale unterrühren.

3 In einem Topf 4 l Wasser aufkochen, salzen. Den Reis in ein Sieb abgießen, ins kochende Wasser geben und in 4–6 Min. bissfest garen. In das Sieb abgießen und abtropfen lassen. In einem beschichteten Topf 4 EL Ghee mit dem Safranwasser schmelzen. Die Hälfte vom Reis einfüllen, Möhren und übrigen Reis daraufschichten. Mit einem Kochlöffel 6 Löcher bis zum Topfboden in den Reis stechen und diesen zugedeckt bei mittlerer Hitze ca. 1 Std. garen.

4 Granatapfelkerne herauslösen. Pistazien in Stifte schneiden und mit Mandeln im übrigen Ghee (½ EL) goldbraun rösten. Den Reis auf eine Platte stürzen, die Kruste in Stücke brechen. Mandeln, Pistazien und Granatapfelkerne untermischen.

Für 4 Personen • 35 Min. Zubereitung • 1 Std. Garen • Pro Portion ca. 780 kcal, 18 g E, 24 g F, 117 g KH

LINSENREIS MIT DATTELN

BESONDERE KOMBINATION

350 g Basmatireis
150 g braune Linsen (Tellerlinsen)
Salz
2 große Zwiebeln
6 EL Ghee
½ Bio-Orange
100 g feste getrocknete Datteln (entsteint)
50 g Rosinen
2 TL Advieh (pers. Gewürzmischung, ersatzweise Ras el Hanout)
Pfeffer
1 Briefchen Safranfäden (0,1 g)

1 Reis ca. 30 Min. in kaltem Wasser einweichen. Linsen kalt abbrausen, mit 500 ml Wasser in einem Topf aufkochen und bei mittlerer Hitze in 25–30 Min. bissfest garen. Zuletzt salzen, in ein Sieb abgießen und abtropfen lassen.

2 Inzwischen die Zwiebeln schälen, längs halbieren und quer in dünne Ringe schneiden. 2 EL Ghee in einer beschichteten Pfanne erhitzen und die Zwiebeln darin bei kleiner bis mittlerer Hitze in 10–15 Min. goldbraun braten. Orange heiß abwaschen, abtrocknen, 1 TL Schale abreiben und den Saft auspressen. Datteln vierteln.

3 Datteln, Rosinen und Advieh zu den Zwiebeln geben und 1–2 Min. unter Rühren mitdünsten, dabei nach und nach den Orangensaft zugießen. Die Orangenschale einrühren, salzen, pfeffern und vom Herd nehmen. Safran zerbröseln, mit 4 EL heißem Wasser mischen und ca. 10 Min. ziehen lassen.

4 In einem Topf 4 l Wasser aufkochen, salzen. Den Reis in ein Sieb abgießen, ins kochende Wasser geben und in 4–6 Min. bissfest garen. In das Sieb abgießen. Übriges Ghee (4 EL) und Safranwasser in einem beschichteten Topf schmelzen. Die Hälfte vom Reis einfüllen, nacheinander Linsen und Zwiebel-Dattel-Mischung daraufschichten. Den übrigen Reis glatt darauf verteilen. Mit einem Kochlöffel 6 Löcher bis zum Topfboden in den Reis stechen und diesen zugedeckt bei mittlerer Hitze ca. 1 Std. garen. Ca. 5 Min. abkühlen lassen, dann auf eine Platte stürzen und servieren.

BERBERITZENREIS MIT HUHN

UNWIDERSTEHLICHER KLASSIKER

Für 4 Personen • 40 Min. Zubereitung • 1 Std. 30 Min. Garen • Pro Portion ca. 690 kcal, 23 g E, 29 g F, 82 g KH

4 Hähnchenkeulen (vom Metzger im Gelenk teilen lassen)
Salz
Pfeffer
2 große Zwiebeln
3 EL Olivenöl
1 EL Tomatenmark
1 TL gemahlene Kurkuma
250 ml Hühnerbrühe
2 ½ EL Zitronensaft
350 g Basmatireis
1 Briefchen Safranfäden (0,1 g)
4 EL Ghee
60 g getrocknete Berberitzen (ersatzweise getrocknete Sauerkirschen)
1 EL Zucker

GUT ZU WISSEN
Getrocknete Berberitzen gibt es in orientalischen Lebensmittel- oder Bioläden (oder online). Vor dem Einweichen eventuell enthaltene kleine Zweige oder Stiele entfernen. Wer die Beeren nicht bekommt, kann stattdessen einfach getrocknete Sauerkirschen verwenden.

1 Keulen enthäuten, mit Salz und Pfeffer würzen. Zwiebeln schälen und würfeln. Öl in einem Bräter erhitzen und die Keulen darin rundum anbraten (Bild 1). Herausnehmen, zwei Drittel der Zwiebeln im Öl in 8–10 Min. goldbraun braten. Tomatenmark und Kurkuma zufügen und unter Rühren 1–2 Min. anrösten. Mit Brühe und Zitronensaft ablöschen, die Keulen hineinlegen (Bild 2) und zugedeckt bei kleiner Hitze ca. 1 Std. 15 Min. garen. Dabei mehrmals wenden.

2 Inzwischen den Reis ca. 30 Min. in kaltem Wasser einweichen, dann in ein Sieb abgießen. Safran mit 4 EL heißem Wasser mischen (Bild 3). In einem Topf 4 l Wasser aufkochen, salzen und den Reis darin in 4–6 Min. bissfest garen. In das Sieb abgießen und abtropfen lassen.

3 In einem beschichteten Topf 3 EL Ghee mit 3 EL Wasser und 2 EL Safranwasser schmelzen. Den Reis darauf verteilen und mit einem Kochlöffelstiel 6 Löcher hineinstechen (Bild 4). Zugedeckt bei kleiner bis mittlerer Hitze ca. 1 Std. garen.

4 Ca. 15 Min. bevor das Fleisch gar ist, das übrige Safranwasser (2 EL) dazugeben. Die Berberitzen ca. 15 Min. in lauwarmem Wasser einweichen. Abgießen und abtropfen lassen. Übriges Ghee (1 EL) in einem Pfännchen erhitzen und die übrigen Zwiebeln darin goldbraun braten. Mit Zucker bestreuen, die Berberitzen zugeben und bei kleiner Hitze ca. 2 Min. unter Rühren dünsten (Bild 5). 3–4 EL Hähnchensauce einrühren und zugedeckt beiseitestellen. Den Reis auf eine Platte stürzen, die Berberitzen darauf verteilen und das Fleisch rundum anrichten. Mit etwas Sauce übergießen und servieren (Bild 6).

Für 6 Personen • 45 Min. Zubereitung • 3 Std. Garen • Pro Portion ca. 820 kcal, 33 g E, 49 g F, 63 g KH

REIS-LAMM-AUFLAUF

PERFEKT FÜR GÄSTE

750 g Lammfleisch (aus der Keule)
2 Zwiebeln
2 Knoblauchzehen
6 EL Olivenöl
Salz
Pfeffer
1 TL gemahlene Kurkuma
2 TL Advieh (pers. Gewürzmischung, ersatzweise Ras el Hanout)
450 g Basmatireis
2 Briefchen Safranfäden (0,1 g)
300 g griech. Joghurt (10 % Fett)
2 Eigelb (M)
4 EL Butter

AUSSERDEM
Auflaufform (30 × 20 cm)

1 Fleisch 3 cm groß würfeln. Zwiebeln und Knoblauch schälen und würfeln. In einem Bräter in 3 EL Öl erhitzen und das Fleisch darin rundum anbraten. Salzen, pfeffern und herausnehmen. Dann Zwiebeln und Knoblauch im Öl bei mittlerer Hitze langsam goldbraun braten. Kurkuma und Advieh kurz mitrösten. 300 ml Wasser und das Fleisch einrühren. Salzen, pfeffern und zugedeckt bei kleiner Hitze ca. 1 Std. garen. Das Fleisch herausnehmen und den Garsud 1 cm hoch einkochen lassen. Das Fleisch wieder einrühren und abkühlen lassen.

2 Reis ca. 30 Min. einweichen, dann in ein Sieb abgießen und abtropfen lassen. Safran mit 3 EL heißem Wasser mischen und ca. 10 Min. ziehen lassen. In einem Topf 4 l Wasser aufkochen, salzen und den Reis darin in 4–6 Min. bissfest garen. In das Sieb abgießen, kalt abbrausen und abtropfen lassen. Safranwasser, Joghurt, Eigelbe und zwei Drittel vom Reis verrühren. Mit Salz und Pfeffer würzen.

3 Den Backofen auf 200° vorheizen, dabei übriges Öl (3 EL) und 3 EL Butter in der Form im Ofen mit erhitzen. Gut die Hälfte vom Joghurtreis glatt in der Form verteilen. Das Fleisch samt Sauce daraufgeben, dabei rundum 3 cm Rand lassen. Nacheinander übrigen Joghurtreis und restlichen Reis darauf verteilen und fest in die Form drücken. Die übrige Butter (1 EL) in Flöckchen daraufsetzen. Die Form mit Alufolie verschließen und den Auflauf im Ofen (unten) 1 Std. 30 Min.–2 Std. garen. Herausnehmen und 10–15 Min. ruhen lassen. Den Auflauf dann auf eine Platte stürzen und servieren.

Für 4 Personen • 35 Min. Zubereitung • 1 Std. Garen • Pro Portion ca. 595 kcal, 25 g E, 22 g F, 73 g KH

KRÄUTERREIS MIT GARNELEN

BESONDERER GENUSS

500 g rohe TK-Garnelen (küchenfertig)
350 g Basmatireis
2 Zwiebeln
3 Knoblauchzehen
50 g Koriandergrün
30 g Dill
1 Briefchen Safranfäden (0,1 g)
5 EL Ghee
Salz
Pfeffer
1 EL Kreuzkümmel
1 TL gemahlene Kurkuma
1 TL gemahlener Kardamom

1 Garnelen nach Packungsanweisung in ca. 2 Std. auftauen lassen. Dann kalt abbrausen, abtropfen lassen und gut trocken tupfen. Reis ca. 30 Min. einweichen. Zwiebeln und Knoblauch schälen und getrennt fein würfeln. Koriandergrün und Dill waschen, trocken schütteln und samt Stielen grob schneiden. Safran zerbröseln und mit 4 EL heißem Wasser mischen.

2 In einer beschichteten Pfanne ½ EL Ghee erhitzen und die Garnelen darin bei großer Hitze unter Rühren braten, bis sie sich leicht rosa färben. Salzen, pfeffern und herausnehmen. 1 ½ EL Ghee in die Pfanne geben, Zwiebeln und Knoblauch darin langsam braten, bis sie weich sind und leicht bräunen. Dann die Kräuter einrühren und bei großer Hitze zusammenfallen lassen. Kreuzkümmel, Kurkuma und Kardamom zugeben und kurz mitbraten. Die Kräuter mit 2–3 EL Wasser ablöschen, salzen, pfeffern und die Garnelen unterrühren.

3 In einem Topf 4 l Wasser aufkochen, salzen. Den Reis in ein Sieb abgießen und im kochenden Wasser in 4–6 Min. bissfest garen. In das Sieb abgießen und abtropfen lassen.

4 In einem beschichteten Topf übriges Ghee (3 EL) mit Safranwasser und 3 EL Wasser schmelzen. Die Hälfte vom Reis darauf verteilen. Nacheinander die Garnelen-Kräuter-Mischung und restlichen Reis daraufschichten. Mit einem Kochlöffel 6 Löcher bis zum Topfboden in den Reis stechen und diesen zugedeckt bei mittlerer Hitze ca. 1 Std. garen. Danach ca. 5 Min. abkühlen lassen, auf eine Platte stürzen und servieren.

VIEL GEMÜSE

Für 4 Personen • 25 Min. Zubereitung • 30 Min. Garen • Pro Portion ca. 625 kcal, 37 g E, 30 g F, 49 g KH

GRÜNER BOHNEN-KRÄUTER-TOPF

FRISCHES FRÜHLINGSGERICHT

125 g junger Blattspinat
5 Frühlingszwiebeln
500 g gemischte Kräuter
2 Zwiebeln
6 EL Olivenöl
1 TL gemahlene Kurkuma
400 ml Gemüsebrühe
2 Dosen Kidneybohnen (à 400 g)
3 TL getrockneter Bockshornklee
4 getrocknete persische Limetten (Limu Omani)
Salz
Pfeffer

FRÜHLINGSKRÄUTER und Spinat werden hier wie Blattgemüse gedünstet und entwickeln so ein ganz eigenes Aroma. Ein intensiver Duft verrät, dass sie auf den Punkt gegart sind. Je 200 g Petersilie und Koriandergrün sowie 100 g Schnittlauch passen immer. Mutige ersetzen einen Teil durch Bärlauch, Kerbel oder Dill und einen Teil vom Spinat durch Radieschenblätter.

1 Spinat verlesen, waschen und trocken schleudern. Frühlingzwiebeln putzen und waschen. Den grünen Teil in Ringe schneiden, den weißen Teil längs vierteln und in kleine Stücke schneiden. Kräuter waschen und gründlich trocken schütteln. Nur sehr dicke Stiele entfernen und die Kräuter fein schneiden. Alles mischen. Zwiebeln schälen und fein würfeln.

2 In einer beschichteten Pfanne 3 EL Olivenöl erhitzen und die Kräutermischung darin bei mittlerer bis großer Hitze 15–20 Min. unter Rühren dünsten. Dabei die Kräuter nur portionsweise zugeben und darauf achten, dass sie weder Wasser ziehen noch anbrennen.

3 Inzwischen das übrige Öl (3 EL) in einem Topf erhitzen und die Zwiebeln darin bei kleiner bis mittlerer Hitze langsam goldbraun dünsten. Mit Kurkuma bestäuben und kurz mitrösten, dann mit Gemüsebrühe ablöschen.

4 Kidneybohnen in ein Sieb abgießen, kalt abbrausen und abtropfen lassen. Mit dem Bockshornklee in die Brühe geben. Getrocknete Limetten mit einem Spieß rundum mehrmals tief einstechen und mit den gedünsteten Kräutern zufügen. Den Eintopf mit Salz und Pfeffer würzen und zugedeckt bei kleiner bis mittlerer Hitze 25–30 Min. garen. Im Topf oder in einer Schüssel servieren. Dazu passt am besten Reis.

GU CLOU

Wird das Gemüse noch mit Schafskäse und Fladenbrot ergänzt, verwandelt es sich im Handumdrehen in eine vollständige vegetarische Mahlzeit. Einfach 200 g Schafskäse (Feta) grob zerbröseln und darüberstreuen, das Fladenbrot dazu reichen.

Für 4 Personen • 25 Min. Zubereitung • 1 Std. 15 Min Garen • Pro Portion ca. 260 kcal, 5 g E, 14 g F, 25 g KH

AUBERGINEN-PAPRIKA-GEMÜSE

MAL VORSPEISE, MAL HAUPTGERICHT

4 Auberginen (1 kg)
2 große rote Paprika
1 kleiner Granatapfel
½ Bund Koriandergrün
2 Stängel Minze
2 Knoblauchzehen
5 EL Olivenöl
1 TL Advieh (pers. Gewürzmischung, ersatzweise Ras el Hanout)
½ TL gemahlene Kurkuma
Salz
Pfeffer

1 Den Backofen auf 220° vorheizen. Auberginen waschen, mit einer Gabel rundum mehrmals einstechen und auf ein Backblech legen. Im Ofen (oben) ca. 40 Min. garen, die Auberginen dabei zwei- bis dreimal wenden.

2 Inzwischen die Paprika waschen, längs vierteln, weiße Trennwände und Kerne entfernen. Ein Backblech mit Backpapier belegen und die Viertel mit der Hautseite nach oben dicht an dicht darauflegen. Granatapfel aufbrechen und die Kerne auslösen. Koriandergrün und Minze waschen und trocken schütteln. Die Blätter abzupfen und grob schneiden.

3 Die Auberginen aus dem Ofen nehmen. Die Ofentemperatur auf 250° erhöhen und die Paprika im Ofen (oben) 20–25 Min. rösten, bis die Haut schwarze Blasen wirft. Währenddessen das Auberginenfruchtfleisch aus der Schale lösen und in Streifen schneiden. Die Paprika aus dem Ofen nehmen, in einer Schüssel übereinanderlegen und mit einem feuchten Tuch abdecken. Ca. 5 Min. abkühlen lassen, dann die Haut abziehen und die Schoten ebenfalls in Streifen schneiden.

4 Knoblauch schälen und würfeln. Das Öl in einer Pfanne erhitzen. Knoblauch, Advieh und Kurkuma einrühren. Auberginen und Paprika zugeben und vorsichtig unter Rühren erwärmen. Mit Salz und Pfeffer würzen. Drei Viertel der Kräuter einrühren und das Gemüse in einer Schale anrichten. Mit übrigen Kräutern und Granatapfelkernen bestreuen und lauwarm servieren.

Für 4 Personen • 30 Min. Zubereitung • 1 Std. Garen • Pro Portion ca. 270 kcal, 7 g E, 14 g F, 28 g KH

BOHNEN-KARTOFFEL-GEMÜSE

GELINGT LEICHT

500 grüne Bohnen
4 festkochende Kartoffeln
2 Zwiebeln
2 Knoblauchzehen
5 EL Olivenöl
1 TL gemahlene Kurkuma
½ TL gemahlener Kreuzkümmel
1 TL edelsüßes Paprikapulver
1 EL Tomatenmark
1 Dose stückige Tomaten (400 g)
Salz
Pfeffer

1 Bohnen waschen, putzen und in 3 cm lange Stücke schneiden. Kartoffeln schälen und in 2 cm große Würfel schneiden. Zwiebeln und Knoblauch schälen und getrennt fein würfeln.

2 Das Öl in einem Topf erhitzen und die Zwiebeln darin bei mittlerer Hitze goldgelb dünsten. Bohnen, Kartoffeln, Knoblauch, Kurkuma, Kreuzkümmel und Paprikapulver zugeben und unter Rühren kurz mitdünsten. Dann Tomatenmark und Tomaten gründlich unterrühren. Mit Salz und Pfeffer würzen.

3 Das Gemüse zugedeckt bei großer Hitze 5–7 Min. garen, bis fast die gesamte Flüssigkeit verdunstet ist. Dabei ein- bis zweimal umrühren, damit es nicht anhängt. Danach 300 ml Wasser zugießen und das Gemüse zugedeckt bei mittlerer Hitze 40–50 Min. garen. Eventuell zwischendurch noch etwas Wasser zugießen. Auf vier Tellern anrichten und servieren. Dazu passt noch ein Salat.

Für 4 Personen • 45 Min. Zubereitung • Pro Portion ca. 330 kcal, 19 g E, 19 g F, 22 g KH

DILL-BOHNEN MIT EI

MACHT SCHÖN SATT

600 g TK-Dicke Bohnen
5 Knoblauchzehen
1 großes Bund Dill
2 EL Butter
1 TL gemahlene Kurkuma
Salz
Pfeffer
1 große Zwiebel
2 EL Olivenöl
4 Eier (M)

1 Bohnen 1–2 Min. in kochendem Wasser garen. In ein Sieb abgießen, kalt abbrausen und die Bohnenkerne aus den Häutchen drücken. Knoblauch schälen und quer in Scheiben schneiden. Dill waschen, trocken schütteln und die Spitzen schneiden. In einer beschichteten Pfanne 1 ½ EL Butter erhitzen und den Knoblauch darin andünsten. Bohnenkerne und Kurkuma unter Rühren 1–2 Min. mitdünsten. 250 ml Wasser und Dill einrühren, salzen und pfeffern. Die Bohnen dann zugedeckt bei mittlerer Hitze 15–20 Min. garen, dabei eventuell noch etwas Wasser zugeben.

2 Inzwischen Zwiebel schälen und in Streifen schneiden. Öl und übrige Butter (½ EL) in einer Pfanne erhitzen und die Zwiebel darin bei kleiner Hitze goldbraun braten. Mit einem Löffel 4 Mulden in die Bohnen drücken, je 1 Ei hineinschlagen, salzen und pfeffern. Zugedeckt 8–10 Min weitergaren, bis das Eiweiß gestockt, das Eigelb aber noch cremig ist. Mit den Röstzwiebeln bestreuen und servieren.

Für 4 Personen • 30 Min. Zubereitung • 45 Min. Backen • Pro Portion ca. 305 kcal, 15 g E, 20 g F, 15 g KH

ZUCCHINI-KUKU

LEICHTER SOMMERGENUSS

800 g Zucchini (gelb und grün)
Salz
1 Briefchen Safranfäden (0,1 g)
2 Zwiebeln
4 EL Olivenöl
Pfeffer
1 Bund Dill
5 Stängel Minze
6 Eier (M)
⅓ TL gemahlene Kurkuma
4 EL Mehl
1 TL Backpulver

AUSSERDEM
Auflaufform (20 × 20 cm)

1 Zucchini waschen, putzen und auf der Rohkostreibe grob raspeln. In ein Sieb geben, leicht salzen und ca. 30 Min. Wasser ziehen lassen. Danach kalt abbrausen und in einem Geschirrtuch trocken tupfen.

2 Inzwischen Safran zerbröseln und mit 2 EL heißem Wasser mischen. Zwiebeln schälen und klein würfeln. In einer beschichteten Pfanne 2 EL Öl erhitzen und die Zwiebeln darin langsam goldgelb dünsten. Die Hälfte der Zucchini zugeben und bei großer Hitze unter Rühren garen, bis sie leicht bräunen und möglichst viel Wasser verdampft ist. Gegen Ende salzen und pfeffern, dann aus der Pfanne nehmen. Wieder 1 EL Öl in der Pfanne erhitzen und die übrigen Zucchini ebenso braten. Herausnehmen und abkühlen lassen.

3 Den Backofen auf 180° vorheizen, die Auflaufform mit dem übrigen Öl (1 EL) einfetten. Dill und Minze waschen und trocken schütteln. Spitzen und Blätter fein schneiden.

4 Eier verquirlen, Safranwasser und Kurkuma untermischen und die Masse kräftig salzen und pfeffern. Zuerst Zucchini und Kräuter, dann Mehl und Backpulver unterrühren. Die Masse in die Form füllen und im Ofen (Mitte) 35–45 Min. backen, bis sie gestockt und leicht gebräunt ist. Herausnehmen und kurz abkühlen lassen, dann in Stücke schneiden und servieren.

Für 4 Personen • 45 Min. Zubereitung • Pro Portion ca. 350 kcal, 20 g E, 29 g F, 3 g KH

KRÄUTER-KÄSE-RÜHREI

ÜPPIGES FRÜHSTÜCK

200 g Schafskäse (Feta)
1 Knoblauchzehe
1 Bund Dill
½ Bund Schnittlauch
6 Eier (M)
Salz
Pfeffer
¾ TL gemahlene Kurkuma
½ TL gemahlener Kreuzkümmel
2 EL Olivenöl
2 EL Butter

1 Schafskäse trocken tupfen und mit einer Gabel zerbröseln. Knoblauch schälen und fein würfeln. Dill und Schnittlauch waschen und trocken schütteln. Die Dillspitzen fein schneiden, den Schnittlauch in Röllchen schneiden. Etwas Schnittlauch zum Bestreuen beiseitelegen.

2 Eier in einer Schüssel verquirlen und mit wenig Salz (der Käse ist recht salzig), Pfeffer, Kurkuma und Kreuzkümmel würzen.

3 Öl und Butter in einer beschichten Pfanne erhitzen. Schafkäse und Dill darin unter Rühren braten, bis der Käse leicht zu schmelzen und zu bräunen beginnt. Den Schnittlauch einrühren und alles gleichmäßig in der Pfanne verteilen. Die Eiermasse darübergießen und bei mittlerer Hitze braten, bis sie leicht zu stocken beginnt. Dann mit einem Holzlöffel zusammenschieben und nach Belieben zu cremigem oder festem Rührei braten. Das Rührei auf vier Tellern anrichten, mit dem übrigen Schnittlauch bestreuen und servieren.

Für 4 Personen • 20 Min. Zubereitung • 30 Min. Garen • Pro Portion ca. 320 kcal, 6 g E, 16 g F, 38 g KH

ZWIEBEL-BRATKARTOFFELN

BRATKARTOFFELN NEU AUFGELEGT

900 g festkochende Kartoffeln (ersatzweise Pellkartoffeln vom Vortag)
4 Zwiebeln
4 EL Ghee (ersatzweise 5 EL Olivenöl)
1 EL Tomatenmark
1 TL gemahlene Kurkuma
⅓ TL Chilipulver
½ TL getrocknete Bockshornkleeblätter
Salz
Pfeffer
¼ Bund Petersilie
3 EL Limettensaft

1 Kartoffeln waschen und in einem Topf in wenig Wasser ca. 20 Min. garen. Abgießen, ausdampfen und lauwarm abkühlen lassen. Die Kartoffeln dann pellen und in 1,5 cm große Würfel schneiden. Zwiebeln schälen, längs halbieren und die Hälften in Ringe schneiden.

2 Ghee in einer großen, beschichteten Pfanne erhitzen und die Zwiebeln darin bei mittlerer Hitze unter Rühren braten, bis sie weich und leicht gebräunt sind. Tomatenmark, Kurkuma, Chilipulver und zerbröselte Bockshornkleeblätter 1–2 Min. unter Rühren mitbraten. Dann die Kartoffeln gut untermischen. Mit Salz und Pfeffer würzen und bei kleiner bis mittlerer Hitze 7–8 Min. braten.

3 Inzwischen die Petersilie waschen, trocken schütteln und die Blätter grob schneiden. Die Kartoffeln mit 2–3 EL Limettensaft beträufeln und durchrühren. Mit Petersilie bestreuen und mit Joghurt und/oder Spiegelei servieren.

Für 4 Personen • 25 Min. Zubereitung • 45 Min. Garen • Pro Portion ca. 380 kcal, 9 g E, 14 g F, 49 g KH

MÖHREN-KICHERERBSEN-GEMÜSE MIT PFLAUMEN

SÜSSLICH-WÜRZIGER GAUMENKITZEL

750 g schlanke Möhren
2 Zwiebeln
3 EL Ghee
1 TL gemahlene Kurkuma
1 ½ EL Advieh (pers. Gewürzmischung, ersatzweise Ras el Hanout)
½ TL Zimtpulver
2 TL Tomatenmark
1 Briefchen Safranfäden (0,1 g)
Salz
Pfeffer
3 EL Limettensaft
1 Dose Kichererbsen (400 g, am besten braune)
150 g getrocknete Pflaumen (entsteint)

ADVIEH SELBST MISCHEN

Wer kein Advieh bekommt, mischt es einfach selbst aus 2 ½ TL gemahlenem Koriander, 1 ½ TL gemahlenem Kreuzkümmel, ¾ TL gemahlenem Kardamom und ¾ TL Zimtpulver.

1 Möhren schälen und in 2–3 mm dicke Scheiben schneiden. Zwiebeln schälen und fein würfeln. Ghee in einem Topf erhitzen und die Zwiebeln darin bei kleiner bis mittlerer Hitze langsam goldbraun braten. Dann mit Kurkuma, Advieh und Zimt bestreuen. Tomatenmark und Möhren unterrühren und alles 1–2 Min. unter Rühren anrösten.

2 Die Möhren mit 600 ml Wasser ablöschen und den Safran zugeben. Mit Salz, Pfeffer und 1–2 EL Limettensaft würzen und zugedeckt bei mittlerer Hitze ca. 30 Min. garen.

3 Inzwischen die Kichererbsen in ein Sieb abgießen, kalt abbrausen und abtropfen lassen. Pflaumen halbieren.

4 Die Kichererbsen unter die Möhren rühren und das Gemüse noch 10–15 Min. weitergaren. Ca. 5 Min. vor Ende der Garzeit dann die Pflaumen unter das Gemüse rühren. Das Gemüse zuletzt mit Salz, Pfeffer und dem restlichen Limettensaft (1 EL) abschmecken. Am besten zu Reis servieren.

FLEISCH & FISCH

Für 4 Personen • 40 Min. Zubereitung • 4 Std. Marinieren • Pro Portion ca. 665 kcal, 53 g E, 47 g F, 7 g KH

PFANNEN-KABAB

KÖSTLICH GANZ OHNE GRILL

1 Briefchen Safranfäden (0,1 g)
2 Zwiebeln
1 kg Rinderhackfleisch
1 ½ TL Sumach
¾ TL gemahlene Kurkuma
1 TL gemahlener Kreuzkümmel
½ TL gemahlener Koriander
Salz
Pfeffer
3 EL Ghee
500 g Kirschtomaten

ZARTER GENUSS

Normalerweise wird Kabab auf Spießen gegrillt und dabei oft sehr trocken. Hier jedoch gart es im eigenen (Würz-)Saft und wird aromatisch zart. Tritt während des Bratens zu viel Saft aus, etwas abgießen und eventuell später wieder über den Kabab träufeln.

1 Safran zerbröseln, mit 1 EL heißem Wasser mischen und ca. 10 Min. ziehen lassen. Zwiebeln schälen, auf der Rohkostreibe fein reiben und mit den Händen gut ausdrücken.

2 Zwiebeln, Hackfleisch, Sumach, Kurkuma, Kreuzkümmel, Koriander, Safranwasser, knapp 1 TL Salz und Pfeffer kräftig mit den Händen verkneten. Die Masse dann zugedeckt 3–4 Std. im Kühlschrank durchziehen lassen. Inzwischen 1 EL Ghee in einer beschichteten Pfanne (26 cm Ø) schmelzen, dann gleichmäßig darin verteilen und auskühlen lassen.

3 Den Backofengrill auf höchster Stufe vorheizen. Tomaten waschen und in eine ofenfeste Form geben. Im Ofen (Mitte) 8–10 Min. grillen, bis sie leicht gebräunt sind. Herausnehmen, salzen, pfeffern und warm halten.

4 Gleichzeitig die Hackmasse in der Pfanne zu einem runden, glatten Fladen festdrücken. Auf dem Herd bei mittlerer Hitze erhitzen und 5–7 Min. braten. Dabei das Fleisch mit einem Pfannenwender in ca. 5 cm breite Streifen teilen, sodass der Bratensaft dazwischen köcheln kann.

5 Sobald der Hackfladen an der Unterseite gebräunt ist, wenden und die zweite Seite ebenfalls braun braten, dabei eventuell das übrige Ghee (2 EL) zugeben. Die Tomaten auf den Fleischstreifen anrichten und sofort servieren. Dazu passen Fladenbrot oder persischer Reis und rote Zwiebelringe.

Für 4 Personen • 30 Min. Zubereitung • 12 Std. Marinieren • 15 Min. Garen •
Pro Portion ca. 325 kcal, 45 g E, 13 g F, 5 g KH

SAFRAN-HÄHNCHEN-KABAB

SOMMERLICH LEICHT

2 Briefchen Safranfäden (0,1 g)
750 g Hähnchenbrustfilet
1 große Zwiebel
1 Knoblauchzehe
200 g griech. Joghurt (10 % Fett)
2 Limetten
Salz
Pfeffer
25 g Butter

AUSSERDEM
8 Metall-Schaschlikspieße

1 Safran zerbröseln, mit 1 EL heißem Wasser mischen und ca. 15 Min. ziehen lassen. In der Zwischenzeit das Hähnchenfilet in 4 mm dicke Scheiben schneiden. Zwiebel schälen und längs in dünne Spalten schneiden.

2 Knoblauch schälen und durch eine Presse zum Joghurt drücken. 1 Limette auspressen, 5 EL Saft und das Safranwasser in den Joghurt rühren. Mit knapp 1 TL Salz und Pfeffer würzen. Fleisch und Zwiebel untermischen und zugedeckt ca. 12 Std. (am besten über Nacht) im Kühlschrank durchziehen lassen.

3 Am nächsten Tag Fleisch und Zwiebelspalten auf die Spieße stecken, die übrige Marinade darauf verteilen. Den Backofengrill vorheizen. Die Butter schmelzen, die übrige Limette auspressen. Den Saft in die geschmolzene Butter rühren, salzen.

4 Die Hähnchenspieße auf den Ofenrost legen, in den Ofen (oben) schieben und ein Backblech als Auffangschutz darunterschieben. Die Spieße 12–15 Min, grillen, dabei ein- bis zweimal wenden und mit der Zitronenbutter bestreichen. Aus dem Ofen nehmen, auf vier Tellern anrichten und am besten mit Zwiebelringen, Tomatenachteln und Gurkenscheiben servieren. Dazu passt Fladenbrot oder Reis.

Für 4 Personen • 25 Min. Zubereitung • 35 Min. Garen • Pro Portion ca. 470 kcal, 52 g E, 25 g F, 8 g KH

GEFÜLLTER OFENFISCH

EDLER GENUSS

1 Wolfsbarsch (1 kg, küchenfertig)
1 reifer Pfirsich
1 kleine Zwiebel
2 Knoblauchzehen
1 Bund Koriandergrün
½ Bund Petersilie
½ Bund Minze
40 g Walnusskerne
3 EL Butter
2 EL Granatapfelmelasse (Rob-e Anar, ersatzweise türk. Nar Eksisi)
Salz
Pfeffer
1 Briefchen Safranfäden (0,1 g)

1 Fisch waschen und trocken tupfen. Pfirsich waschen, halbieren, entsteinen, klein würfeln. Zwiebel und Knoblauch schälen und fein würfeln. Koriander, Petersilie und Minze waschen, trocken schütteln und die Blätter grob schneiden. Nüsse im Blitzhacker grob hacken.

2 In einer Pfanne 1 EL Butter schmelzen, Zwiebel und Knoblauch darin bei kleiner Hitze goldgelb dünsten. Walnüsse und Kräuter zugeben, kurz durchrühren, dann Pfirsich und Granatapfelmelasse untermischen. Salzen, pfeffern und vom Herd nehmen.

3 Den Backofen auf 200° vorheizen. Die übrige Butter (2 EL) schmelzen, den Safran hineinbröseln und vermischen. Den Fisch mit der Kräutermasse füllen und mit Küchengarn umwickeln, bis er gut verschlossen ist. Rundum mit etwas Safranbutter bestreichen, salzen, pfeffern und auf ein Backblech legen. Im Ofen (Mitte) 30–35 Min. garen, dabei nochmals mit der übrigen Safranbutter bepinseln.

Für 4 Personen • 20 Min. Zubereitung • 30 Min. Marinieren • 15 Min. Garen • Pro Portion ca. 490 kcal, 38 g E, 36 g F, 2 g KH

LACHS MIT SUMACH

SUPERSAFTIG

800 g Lachsfilet (ohne Haut)
3 EL Olivenöl
1 Limette
1 Bio-Orange
1 EL Sumach
½ TL gemahlene Kurkuma
Salz
Pfeffer
4 Stängel Minze

1 Lachs kalt abbrausen, trocken tupfen und in 4 Stücke schneiden. Eine passende ofenfeste Form mit 1 ½ EL Öl auspinseln. Die Stücke hineinlegen. Ein Stück Limette abschneiden und 1 EL Saft auspressen, die restliche Limette in Scheiben schneiden. Orange heiß abwaschen, abtrocknen und die Schale abreiben. Die Frucht dann halbieren, eine Hälfte auspressen, die andere in Scheiben schneiden.

2 Limettensaft, Orangenschale, 4 EL Orangensaft, Sumach, Kurkuma und übriges Öl (1 ½ EL) verrühren. Den Lachs damit bestreichen, salzen und pfeffern. Den übrigen Orangensaft in die Form gießen und den Fisch zugedeckt ca. 30 Min. im Kühlschrank durchziehen lassen.

3 Den Backofen auf 190° vorheizen. Den Lachs im Ofen (Mitte) 12–15 Min. garen. Minze waschen, trocken schütteln und die Blätter zerpflücken. Den Fisch aus dem Ofen nehmen und auf vier Tellern anrichten. Mit Limetten- und Orangenscheiben und Minze garnieren.

Für 4 Personen • 30 Min. Zubereitung • 30 Min. Ruhen • 1 Std. 20 Min. Garen • Pro Portion ca. 725 kcal, 28 g E, 62 g F, 14 g KH

GEFÜLLTE AUBERGINEN

SOMMERGERICHT

6 kleine Auberginen
Salz
2 große Zwiebeln
2 Knoblauchzehen
½ Bund Petersilie
180 ml Olivenöl
450 g Rinderhackfleisch
1 EL Tomatenmark
1 ½ TL Advieh (pers. Gewürzmischung, ersatzweise Ras el Hanout)
½ TL gemahlene Kurkuma
Pfeffer
1 Dose Kirschtomaten (400 g)

1 Auberginen waschen und die Schale mit einem Sparschäler längs streifig abziehen, den Stielansatz schälen. Jede Aubergine längs einmal tief einschneiden, salzen und ca. 30 Min. ziehen lassen. Danach die Einschnitte gründlich mit Wasser ausspülen und trocken tupfen.

2 Inzwischen Zwiebeln und Knoblauch schälen und getrennt fein würfeln. Petersilie waschen, trocken schütteln und die Blätter schneiden. In einer Pfanne 90 ml Öl erhitzen und die Auberginen darin bei mittlerer Hitze rundum braten, bis sie etwas weicher werden. Herausnehmen.

3 Die Hälfte der Zwiebeln in der Pfanne goldgelb dünsten. Knoblauch und Hackfleisch zugeben und bei großer Hitze unter Rühren krümelig braten. Tomatenmark einrühren und die Masse mit Advieh, Kurkuma, Salz und Pfeffer kräftig würzen. Tomaten zugeben, mit einer Gabel andrücken und alles bei mittlerer Hitze ca. 15 Min. garen. Die Petersilie einrühren und die Masse etwas abkühlen lassen.

4 Den Backofen auf 175° vorheizen. Möglichst viel Hackmasse in die Einschnitte der Auberginen füllen. Die übrige Hackmasse mit 250 ml Wasser in einer ofenfesten Form verrühren. Die Auberginen mit dem Einschnitt nach oben darauflegen und mit dem übrigen Öl (90 ml) beträufeln. Die Form mit Alufolie abdecken und die Auberginen im Ofen (unten) 30–45 Min. garen. Danach die Folie entfernen und die Auberginen offen in 15–20 Min. fertig garen. In der Form servieren

Für 4 Personen • 40 Min. Zubereitung • 2 Std. 15 Min. Garen • Pro Portion ca. 490 kcal, 31 g E, 35 g F, 11 g KH

RINDFLEISCHTOPF MIT SELLERIE

MIT FEIN SÄUERLICHER NOTE

600 g Rindfleisch (aus der Schulter)
2 Zwiebeln
3 Knoblauchzehen
6 EL Olivenöl
Salz
Pfeffer
1 TL gemahlene Kurkuma
1 TL Tomatenmark
3 getrocknete persische Limetten (Limu Omani)
350 g Staudensellerie mit Grün
200 g Petersilie
70 g Minze

GUT ZU WISSEN
Getrocknete persische Limetten (Limu Omani) gibt es in orientalischen Geschäften oder im Onlinehandel, sie werden dort auch oft als »Schwarze Zitronen« angeboten. Wer keine bekommt, schmeckt das Schmorgericht zuletzt mit 2–3 EL Zitronensaft ab.

1 Fleisch in 4–5 cm große Stücke schneiden, dabei eventuell verbliebene Sehnen und Fett entfernen. Zwiebeln und Knoblauch schälen und würfeln. In einem Topf 3 EL Öl erhitzen und das Fleisch darin portionsweise rundum anbraten. Salzen, pfeffern und herausnehmen.

2 Dann 1 EL Öl zum Bratfett geben und Zwiebeln und Knoblauch darin goldgelb dünsten. Nacheinander Kurkuma und Tomatenmark einrühren und jeweils kurz mitrösten. Mit 500 ml Wasser ablöschen. Das Fleisch samt ausgetretenem Bratensaft zufügen und aufkochen. Mit Salz und Pfeffer würzen und zugedeckt bei mittlerer Hitze ca. 1 Std. köcheln lassen.

3 Inzwischen die getrockneten Limetten mit einem Spieß mehrmals rundum tief einstechen. Sellerie waschen und putzen. Die Stangen in 4 cm lange Stücke schneiden, das Grün klein schneiden. Petersilie und Minze waschen, trocken schütteln und die Blätter getrennt fein schneiden.

4 Das übrige Öl (2 EL) in einer Pfanne erhitzen und die Selleriestücke darin bei mittlerer Hitze 5–8 Min. unter gelegentlichem Rühren braten, salzen und pfeffern. Petersilie und Selleriegrün zugeben und bei mittlerer Hitze 2–3 Min. mitbraten. Die Minze zufügen und 1–2 Min. mitbraten.

5 Selleriemischung und Limetten zum Fleisch geben. Alles zugedeckt noch 1 Std. 15 Min. weitergaren, dabei eventuell etwas Wasser zugeben. Mit persischem Reis servieren.

Für 4 Personen • 30 Min. Zubereitung • 2 Std. Garen • Pro Portion ca. 625 kcal, 37 g E, 47 g F, 12 g KH

LAMM MIT QUITTEN

PERFEKTES HERBSTGERICHT

800 g Lammfleisch (aus der Keule)
2 Zwiebeln
2 EL Olivenöl
Salz
Pfeffer
½ TL gemahlene Kurkuma
1 ½ TL gemahlener Kreuzkümmel
⅓ TL Zimtpulver
5 EL Limettensaft
1 Briefchen Safranfäden (0,1 g)
2 reife Quitten
25 g Butter
2 EL Zucker

1 Fleisch in 3–4 cm große Würfel schneiden. Zwiebeln schälen und würfeln. Das Olivenöl in einem Bräter erhitzen und die Fleischwürfel darin rundum braun anbraten. Zuletzt mit Salz und Pfeffer würzen und herausnehmen.

2 Danach die Zwiebeln im Bratfett goldgelb dünsten. Kurkuma, Kreuzkümmel und Zimt zugeben und kurz mitdünsten. Mit 4 EL Limettensaft und 500 ml Wasser ablöschen. Safran und das Fleisch samt ausgetretenem Bratensaft zufügen. Alles bei kleiner Hitze zugedeckt ca. 1 Std. 30 Min. garen, dabei eventuell noch etwas Wasser zugießen.

3 Inzwischen die Quitten mit einem Sparschäler schälen, längs achteln und das Kerngehäuse entfernen. Butter in einer beschichteten Pfanne erhitzen und die Quitten darin von beiden Seiten leicht braun braten. Mit Zucker bestreuen und unter gelegentlichem Wenden karamellisieren lassen.

4 Die Quittenspalten auf dem Fleisch verteilen, leicht in die Sauce drücken und alles zugedeckt noch ca. 30 Min. weitergaren. Mit Salz, Pfeffer und dem übrigen Limettensaft (1 EL) abschmecken. Das Schmorgericht am besten im Bräter servieren. Dazu passt persischer Reis.

REGISTER

Vegetarische Rezepte, die im Buch mit einem 🌿 gekennzeichnet sind, sind hier grün abgesetzt.

Abkürzungsverzeichnis:
E = Eiweiß
EL = Esslöffel (gestrichen)
F = Fett
kcal = Kilokalorien
KH = Kohlenhydrate
Msp. = Messerspitze
Pck. = Päckchen
TK = Tiefkühl
TL = Teelöffel (gestrichen)
Ø = Durchmesser

QUALITÄTS G|U GARANTIE

LIEBE LESERINNEN UND LESER,

wir wollen Ihnen mit diesem Buch Informationen und Anregungen geben, um Ihnen das Leben zu erleichtern oder Sie zu inspirieren, Neues auszuprobieren. Wir achten bei der Erstellung unserer Bücher auf Aktualität und stellen höchste Ansprüche an Inhalt und Gestaltung. Alle Anleitungen und Rezepte werden von unseren Autoren, jeweils Experten auf ihren Gebieten, gewissenhaft erstellt und von unseren Redakteur*innen mit größter Sorgfalt ausgewählt und geprüft.

Haben wir Ihre Erwartungen erfüllt? Sind Sie mit diesem Buch und seinen Inhalten zufrieden? Wir freuen uns auf Ihre Rückmeldung. Und wir freuen uns, wenn Sie diesen Titel weiterempfehlen, in Ihrem Freundeskreis oder bei Ihrem Online-Kauf.

Sollten wir Ihre Erwartungen so gar nicht erfüllt haben, tauschen wir Ihnen Ihr Buch jederzeit gegen ein gleichwertiges zum gleichen oder ähnlichen Thema um.

KONTAKT ZUM LESERSERVICE

GRÄFE UND UNZER VERLAG
Grillparzerstraße 12
81675 München
www.gu.de

IMPRESSUM

© 2023 GRÄFE UND UNZER VERLAG GmbH,
Postfach 860366, 81630 München

G|U

GU ist eine eingetragene Marke der GRÄFE UND UNZER VERLAG GmbH, www.gu.de

ISBN 978-3-8338-8283-8
2. Auflage 2023

Alle Rechte vorbehalten. Nachdruck, auch auszugsweise, sowie Verbreitung durch Bild, Funk, Fernsehen und Internet, durch fotomechanische Wiedergabe, Tonträger und Datenverarbeitungssysteme jeder Art nur mit schriftlicher Genehmigung des Verlages.

Projektleitung: Melanie Loser
Lektorat: Petra Teetz
Korrektorat: Adriane Andreas
Gesamtgestaltung: independent Medien-Design, Horst Moser, München
Umschlaggestaltung: ki36 Editorial Design, Sabine Krohberger, München
Herstellung: Renate Hutt
Satz: Eberl & Koesel Studio GmbH
Reproduktion: medienprinzen GmbH
Druck + Bindung: Firmengruppe APPL, aprinta druck, Wemding
Printed in Germany

GRÄFE UND UNZER

Ein Unternehmen der
GANSKE VERLAGSGRUPPE

DIE AUTORIN

Tanja Dusy orientiert sich bei ihrer Arbeit als freie Foodjournalistin am Puls der Zeit und ist ein echter Profi für Ernährungstrends. Ihre Rezepte überzeugen durch Kreativität und Verlässlichkeit. Von ihr sind bei GU bereits zahlreiche erfolgreiche Kochbücher erschienen.

DIE FOTOGRAFIN

Katrin Winner verbindet ihre Passion für gutes Essen mit ihrer künstlerischen Kreativität. Seit 2018 betreibt sie ein Atelier in München. An diesem Buch arbeitete sie mit der Foodstylistin Gerlinde Hans.

Bildnachweis:
Katrin Winner: S. 06–59, Stepfotos auf den Klappen; Coco Lang: S. 01, 05, Stillleben auf den Klappen; StockFood: Cover; PicturePeople GmbH & Co. KG: S. 04 Autorinnenfoto

Umwelthinweis:
Nachhaltigkeit ist uns sehr wichtig. Der Rohstoff Papier ist in der Buchproduktion hierfür von entscheidender Bedeutung. Daher ist dieses Buch auf PEFC-zertifiziertem Papier gedruckt. PEFC garantiert, dass ökologische, soziale und ökonomische Aspekte in der Verarbeitungskette unabhängig überwacht werden und lückenlos nachvollziehbar sind.

Syndication: www.seasons.agency
Die GU-Homepage finden Sie unter www.gu.de

APPETIT AUF MEHR?

ISBN 978-3-8338-7082-8

ISBN 978-3-8338-7304-1

ISBN 978-3-8338-7081-1

ISBN 978-3-8338-6874-0

ISBN 978-3-8338-4314-3

ISBN 978-3-8338-7338-6

G|U

Mehr von GU auf **www.gu.de** und **facebook.com/gu.verlag**

DIE »GU KOCHEN PLUS«-APP

1 APP HERUNTERLADEN

Laden Sie die kostenlose »GU Kochen Plus«-App im Apple App Store oder im Google Play Store auf Ihr Smartphone. Starten Sie die App und wählen Sie Ihren Küchenratgeber aus.

2 REZEPTBILD SCANNEN

Scannen Sie das gewünschte Rezeptbild mit der Kamera Ihres Smartphones. Klicken Sie im Display die Funktion Ihrer Wahl.

3 FUNKTIONEN NUTZEN

Sammeln Sie Ihre Lieblingsrezepte. Speichern und verschicken Sie Ihre Einkaufslisten. Oder nutzen Sie den praktischen Supermarkt-Finder und den Rezept-Planer.